서울 자가에 대기업 다니는
김 부장 이야기
5

차례

65화 말하지 못한 이야기   5

66화 죽을 결심   23

67화 아버지의 마음   39

68화 너무 실망하지 마라   57

69화 즐기면서 자유롭게   73

70화 비교하는 존재   91

71화 목표를 정했다   109

72화 원했던 삶   127

73화 고수의 냄새   143

74화 심장이 뛴다   161

75화 타이밍   177

76화　쉽지만 어려운 문제　193

77화　처음으로　209

78화　뼈와 살이 되는 조언　227

79화　고마운 사람　243

80화　타인의 시선　259

81화　꼰대에 관하여　275

82화　같은 표정　291

83화　버티고 될 때까지　307

84화　궁금증이 생긴다　323

85화　인생의 향기를 위하여　339

후일담　357

65화
말하지 못한 이야기

텅 빈 지하철에 자리를 잡고 앉아

어제 읽다만 책의 고스란히 접힌 페이지를 넘긴다.

샤락

한 시간 남짓의 고독한 여정.
덜컹
덜컹

그 모험의 주변으로 서서히 핸드폰 속 타인의 삶을 관망하는 사람들이 채워진다.
덜컹
덜컹

궁금한 것의 해답은 대부분
책에서 찾던 그였다.

책에서 찾지 못한 답은 깊숙이 새겨진
과거의 경험들에서 찾던 그였다.

쏴
아
아
아

부우웅

어둡고...
조금은 불안정했기에

...차마 누구에게도
말하지 못한 이야기.

스스로에 대한
의심이 많던
시절의 이야기.

부우웅

66화
죽을 결심

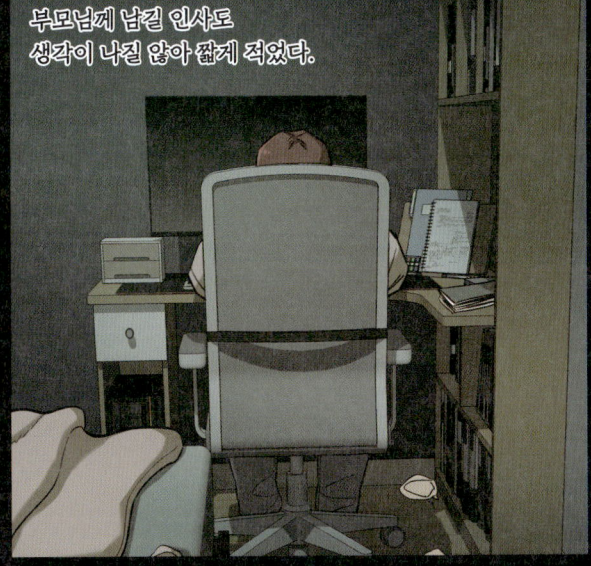

그래도 정식으로 인사를 하고 가는 게 낫지 않을까?

아버지의 차를 몰고 나와 텅 빈 도로를 달리는 중에도

서랍 안에 넣어둘 걸 그랬나?

…그럼 찾지 못하실 수도 있잖아.

아냐, 그래도 편지로 썼으니 괜찮겠지.

부우웅

생각은 멈추지 않았다.

부우웅

한 번쯤은 나도 액션 영화배우처럼 멋지게 살아보고 싶었는데…

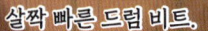

그게 무슨 말씀이십니까?

아드님이 사고 낸 차량의 블랙박스 영상을 보험회사에서 분석 요청을 해서 조사를 해봤는데요. 조금 이상합니다.

짧은 시간에 시속 150km 가까이 달렸는데, 막상 사고 직전에 브레이크를 밟았어요.

31병동 입원실
319~332

졸음운전이 아닌 것 같다네요?

충돌을 예상하고 있었던 것은 아닌지…

졸음운전이 아니면 술이라도 마셨다는 겁니까?

보통 졸음운전은 그렇게 브레이크를 밟지 못하거든요.

그것도 아니면… …설마 저희 아들이 일부러 사고를 냈다고 생각하시는 겁니까?

!!

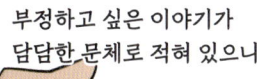

부정하고 싶은 이야기가 담담한 문체로 적혀 있으니

그 글을 읽는 아버지의 마음은 감히 어떤 글로도 표현할 길이 없다.

쏴아아아아

허나 그럼에도 아버지는 묻지 않았다.

왜 그런 메모를 남기고 죽을 결심을 했는지…

이게 뭐예요?

…무엇이 그토록 힘들고 외롭게 만들었는지 그 어느 것도 묻지 않았다.

67화
아버지의 마음

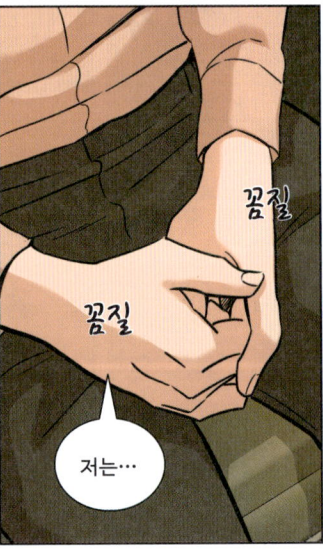

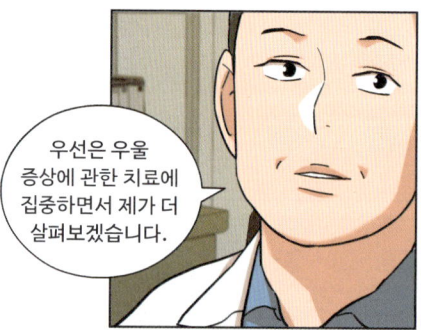

그날 이후

아들은 피아노에 빠져 살았다.

먹고 자는 시간 외에는
피아노만 치는 것 같았다.

그렇게 빠져들 수 있는
취미거리라도 있는 것이 그렇게나
다행일 수가 없었다.

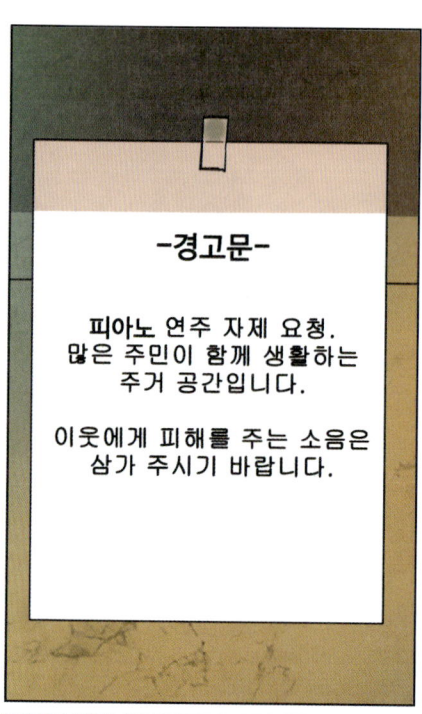

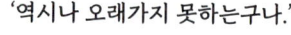

'역시나 오래가지 못하는구나.'

'자신을 위한 행복은 역시나 타인에게 또다시 피해를 입히는구나.'

…아들이 그렇게 생각하려는 찰나였다.

68화
너무 실망하지 마라

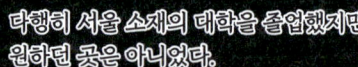

그랬던 아들 녀석이 지금은
온종일 피아노만 치며 산다.

늘 같은 자리에 앉아
안 되는 것을 될 때까지 연습한다.

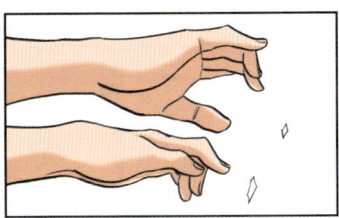

필요한 강의를 찾아보고 없는 악보는
인터넷을 뒤져서라도 구해 쳐보고야 만다.

남보다 부족해 걱정이던
집중력이 저렇게나
차고 넘칠 수가 없다.

어쩌면 아들이 그간 잃어버렸던 것은
집중력이 아니라 무언가를 하고 싶은
흥미였을지도 모른다.

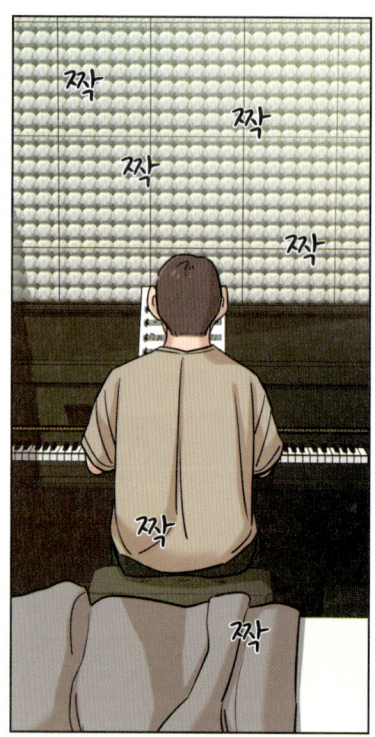

관객이라곤 청소하던 알바생과 사장, 둘뿐이지만 사뭇 긴장이 된다.

확실히 집에서 혼자서 칠 때와는 다른 긴장감이다.

높아지는 기대감에 긴장감 역시 두 배가 되지만

그 어느 순간보다 잘 치고 싶은 욕심이 난다.

우려했던 결과에 어떤 표정으로 무슨 위로를 해야 할지 잘 모르겠다.

69화
즐기면서 자유롭게

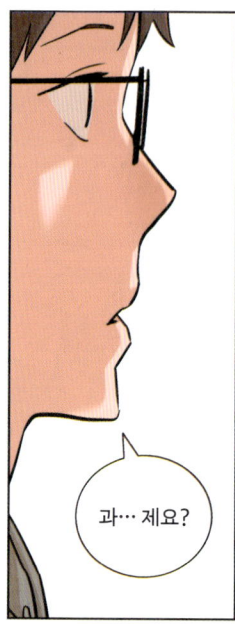

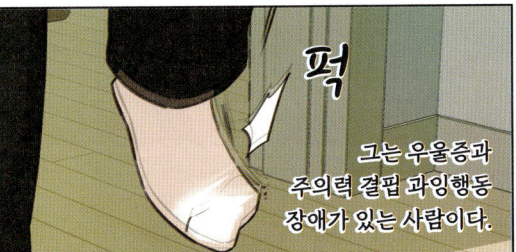

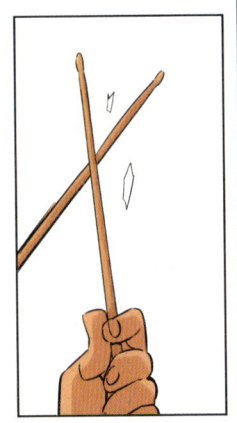

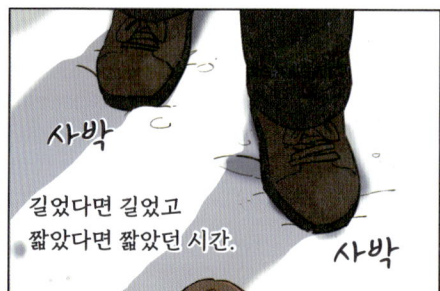

…괜찮으시면 저한테도 좀 나눠 주세요.

아버지가 그리했던 것처럼

뭐를…?

아들은 지금 아버지와 같은 마음이다.

…그 고민거리요.

70화
비교하는 존재

아들은 그제야 아버지의 표정을 이해할 수 있었다.

"못났지. 못났고말고…"

"…네 애비가 이렇게 못난 사람이다."

자조 섞인 읊조림은
시기와 질투에서 비롯된 것만은
아닐 것이다.

조심스레 닿은 어깨는

그 큰 액수를 꿈도 꿔본 적
없을 정도로 작았다.

자고 일어나면 가장 먼저
눈에 보이는 것이

화장실은 늘 집 밖에 있었고, 이런 구조의 집으로
아홉 번은 넘게 이사를 다녔다.

일어나~
학교 늦겠다.

어? 어제
비 왔어요?

비비적

비 올 것을 대비해 놓아둔
양동이들이었다.

새벽에
잠깐 오다가
그쳤어.

그보다 얼른
밥 먹고 씻고
학교 가야지.

그 당시에는 이유를 몰랐지만
지금은 명백한 이유를 알고 있다.

치이~ 또
콩나물국이네.

난
소시지 먹고
싶은데…

하필 그 모습을 본 부잣집 아이가 소문을 내며 놀려댔다.

진짜야.
진짜로 내가 봤다니까?

똥차 타고 다닌대.

그러니까 심부름이나 하는 거지.

딱히 틀린 말도 아니었지만, 그날의 창피함을 잊을 수가 없었다.

오늘은 표정이 왜 그렇게 어두워?

학교에서 무슨 일 있었어?

아니, 아무 일도 없었어요.

그럼 다른 사람시키지 뭐~

누가 할래? 문방구 심부름.

나!

나…

내가 할래. 내가!!

할 수 있는 거라곤 그 아이가 시키는 심부름을 하지 않는 것 정도였다.

미련할 정도로 우직하게 일만 하던 사람.

그래서 더없이 가난하지만 힘든 내색 한번 하지 않던 사람.

그런 아버지를 처음으로 낙담하게 만든 것은

방화로 인해 수년간 쌓아 올린 공장이 피해를 입은 사건도 아니고

가까운 사람의 배신도 아닌

어릴 적 친구의 인생 역전 소식이었다.

수십 년을 뼈 빠지게 일했지만 가진 것이 하나 없는 아버지.

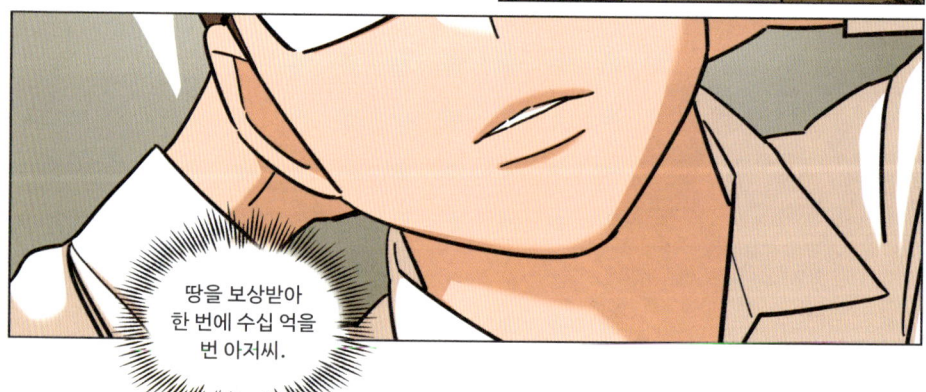

땅을 보상받아 한 번에 수십 억을 번 아저씨.

꼭 그런 사람이어야만 한다고 생각했다.

그래야 이 비뚤어진 마음이 정당할 것만 같았다.

71화
목표를 정했다

자신의 돼지우리와는
비교도 되지 않는
주인 없는 방과

마을의 전경을 비추는
탁 트인 테라스까지

예상은 했지만 직접 와서 보니,
드는 기분은 딱 한 가지다.

…부럽다.

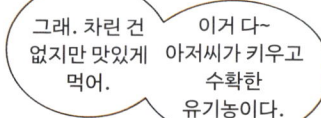

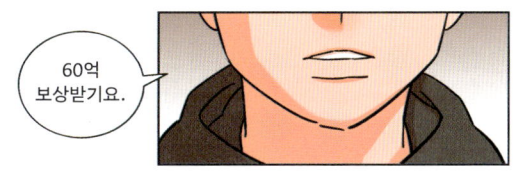

실패는 이제 그에게
그다지 큰 두려움이 아니다.

면접을 볼 기회도 없이
하루가 멀다 하고
불합격 통보를 받고 있지만

72화
원했던 삶

많은 고심 끝에 내린 결심이었는데 누구도 비웃거나 탓하지 않았다.

오히려 축하해 주고 고민은 함께 나누어준다.

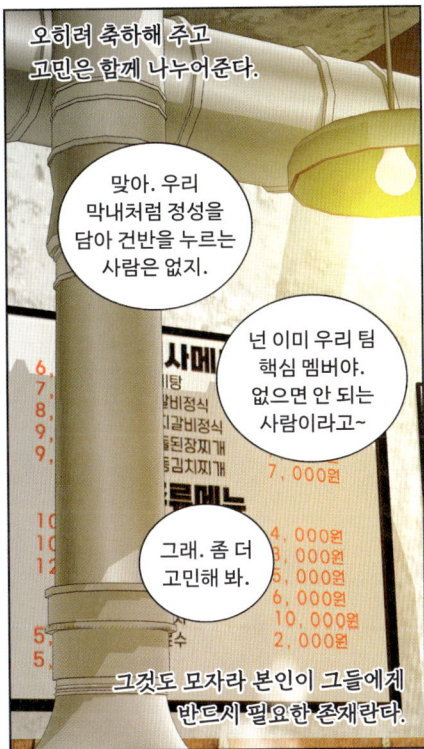

그것도 모자라 본인이 그들에게 반드시 필요한 존재란다.

뭘 하기는커녕, 회사에 도착하기도 전에 땀범벅이고 기진맥진이다.

대화하는데 전혀 불편함이 없고

오랜 친구처럼 농담도 자연스럽다.

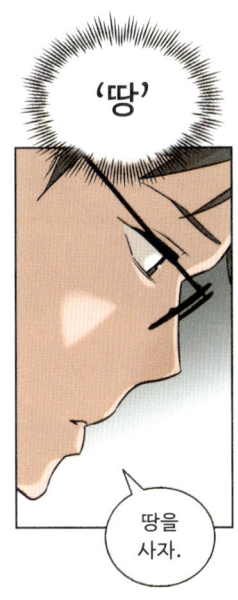

73화
고수의 냄새

결국 서점에서 고른 책들은 사지 않았다.

대신 책 제목과 저자를 메모해 뒀다가 중고 거래를 통해 구했다.

오~ 상태가 생각보다 좋네.

가격은 3분의 1.

내가 책을 사는 날이 오다니…

그는 자신의 목표인 돈을 아끼고 원하는 것도 얻었다.

뭐부터 읽을까? 첫널이니까 얇은 책으로 시작하는 게 낫겠지?

공부도 시작하기 전이지만 이미 부자가 된 기분이다.

나와서 밥 먹어~

아, 네. 금방 나갈게요.

게다가 책을 읽다 보니 돈을 모으려면 어떻게 해야 할지 정리가 된다.

소득의 극대화. 소비의 최소화.

이제 그만 보고 자야 하는데…

알바비가 있긴 하지만 얼마 되지 않고

현재로선 회사에서 월급 받는 게 수익의 전부니까…

현실적으로 최대한 돈을 아낄 수 있는 방법을 모색해 본다.

어디서부터 아껴야 되지?

더 아껴야 돼!

내가 할 수 있는 최선은 소비의 최소화야!

깨달음은 덤이다.

그러나 그것은 어디까지나 그의 바람, 책이 인도한 길의 한계는 책이 가로막고 있다.

개념을 알아도 이론은 현실과 다르다.

'현장에 답이 있다.'

확고한 거절의 이유는 땅을 보러 가기 위해서다.

시세를 구분해 타깃을 정했다.

개발이 아직 덜 됐지만 가능성이 있는 지역을 추려본다.

더위에 지치고

막연함에 지쳐도

흘리는 땀의 보상을
깨우치기 전까진
포기하지 않으리라.

홀로 그렇게 되뇌며
시간을 보냈다.

74화
심장이 뛴다

땅 주인들은 보상을 안 좋아한다니
이게 대체 무슨 말인가… 싶다.

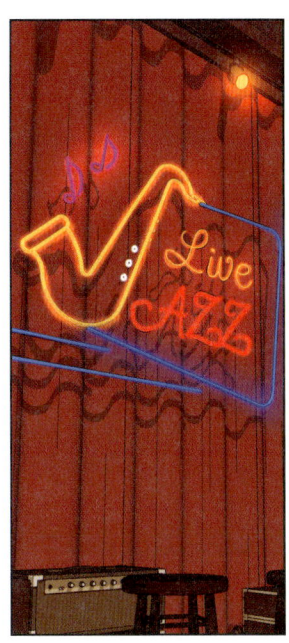

어두워서 보이지 않던 관객들 속에서
익숙한 얼굴이 보인다.

75화
타이밍

배웅을 하면서도 그녀 외엔 아무것도 보이지 않고

그녀의 목소리 외엔 아무것도 들리지 않았더랬다.

시간이 지날수록 남들에 비해 뒤처지는 것 같고 가려는 길이 맞는지 의구심이 드는 이유는

아무래도 나의 목표에 대한 확신이 부족해서겠지?

천 원!?

가서 주울까?

아니, 주인이 근처에 있을지도 모르는데?

주변에 보는 사람들도 많고…

아싸~ 천 원이다.

역시… 생각이 길어지면 타이밍을 빼앗긴다.

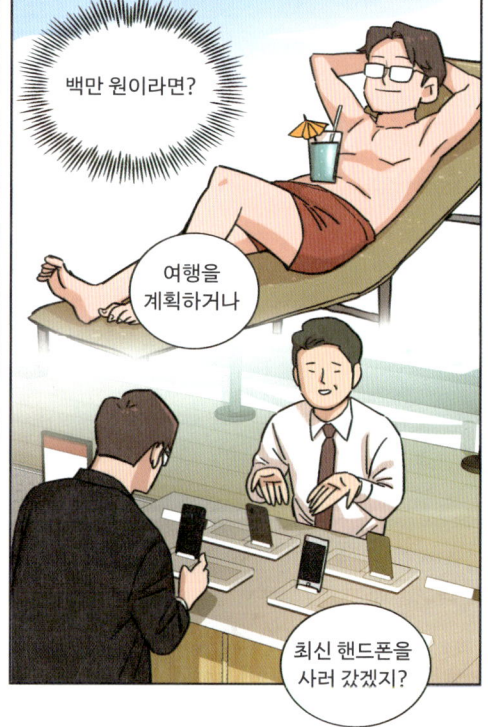

이틀 뒤, 나름 부리나케 달려왔지만 이미 팔렸단다.

76화
쉽지만 어려운 문제

그간 공부하고 습득한 이론에 비추어 보건데…

…좋은 땅이다.

그런데 갑자기 여길 데려오신 이유가…

피자의 끝, 딱딱하고 맛없는 땅이 아니라

이런 곳이 있었구나.

칼이 드나드는 중심의 맛있고 탐나는 땅이다.

…이유 같은 게 딱히 어딨어요?

그냥 지나가다가 어르신 보이기에 잠깐 인사나 하고 가려고 내린 거죠.

굳이 20년 전 이야기까지 들춰내고

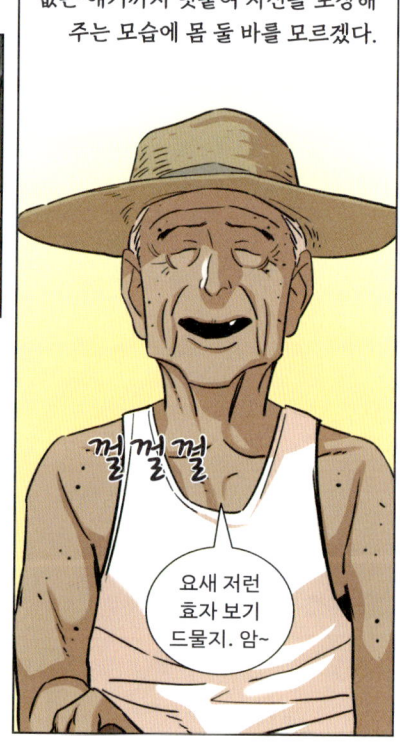

용무를 마쳤는지 다시 차에 오른다.

'또'라는 말을 두 번이나
한 것이 신경 쓰인다.

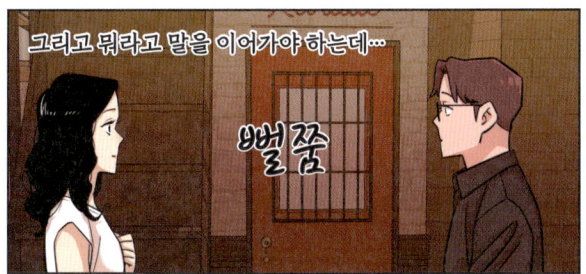

그렇게 덜컥 연락처를 건넸고

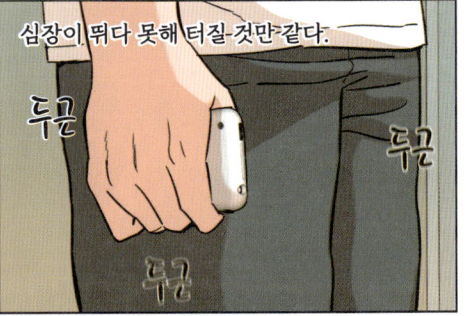

77화
처음으로

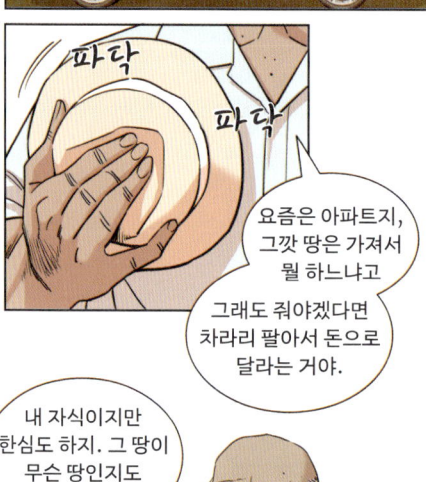

말은 그리하지만, 구불구불 좁고 깊은 주름 속 표정은 좀처럼 읽기가 어렵다.

'…그 땅에서 농사 한번 진짜 잘 지어볼게요. 자신 있어요.'라며 흰소리라도 할까 하려다

평생을 볕에 그을리며 땅을 가꿨을 진심 앞에서 감히 말을 아꼈다.

당장이라도 생각이 변했다며 튀쳐나가실까 마음이 조급해진다.

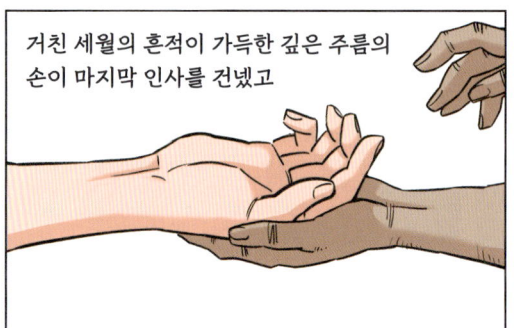

거친 세월의 흔적이 가득한 깊은 주름의 손이 마지막 인사를 건넸고

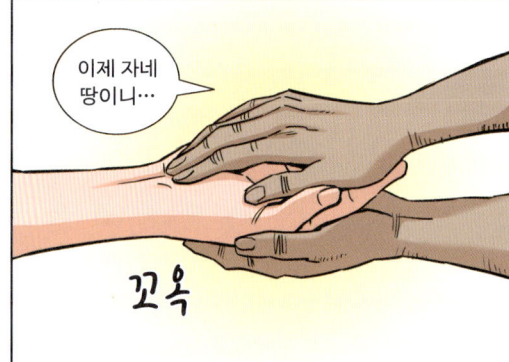

이제 자네 땅이니…

꼬옥

…잘 부탁허이.

그렇게 첫 땅을 갖게 되었다.

네. 어르신.

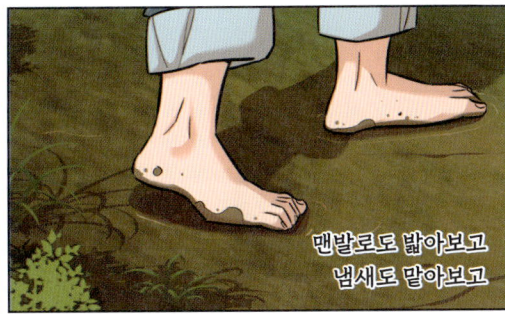

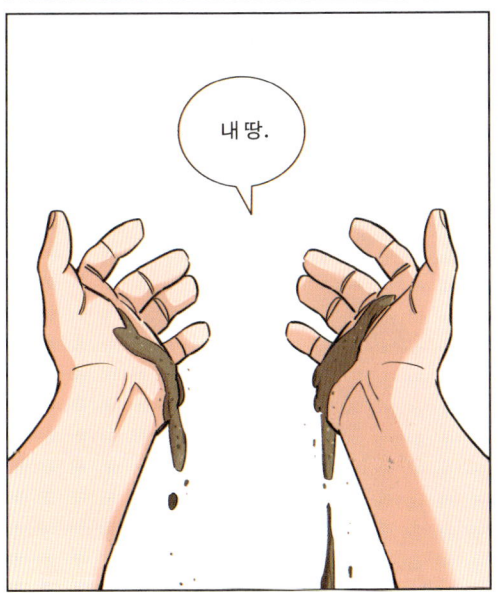

사소한 문자를 주고받던 그녀와는 어느덧 편하게 통화하는 사이가 되었다.

풍성한 가을을 지나

그 해 겨울은 어느 때보다 따뜻했다.

78화
뼈와 살이 되는 조언

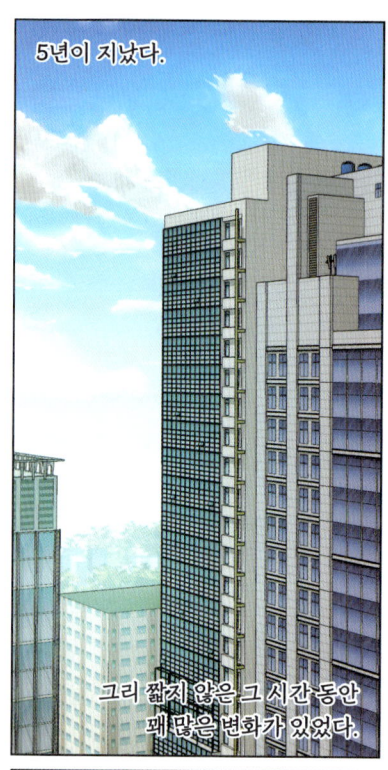

그 어떤 보상보다 달콤하고

마음을 충만하게 채워주며

그 어떤 책으로도 배울 수 없는 무언가를 배우는 기분이다.

그렇게 좋으냐?

우리도 좀 안아보자.

오랜 부모들 사이에는 새 생명의 웃음꽃이 피고

새로이 부모가 된 그들의 목표가 바뀌는 순간이다.

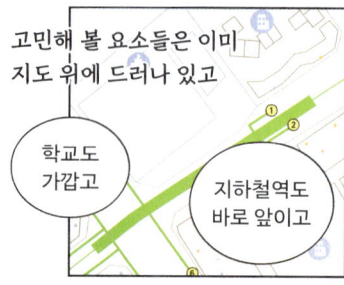

고민해 볼 요소들은 이미 지도 위에 드러나 있고

학교도 가깝고

지하철역도 바로 앞이고

이렇게 보나 저렇게 보나 여기가 찾으시는 조건에 가장 좋은 곳이에요.

더 고민하실 필요도 없다니까?

땅을 공부하던 그의 눈에는 답이 훤히 보이니

마치 답안지를 펴놓고 시험을 치는 것처럼 쉬운 일이라고 생각했다.

분명 다 맞는 말인데…

그런데… 왜 결정을 못 하겠지?

분명 뭔가… 놓치고 있는 기분이다.

죄송합니다, 사장님. 조금만 더 고민해 보면 안 될까요?

그럴 때면 생각나는 사람이 있다.

늘 같은 옷, 같은 표정.

저 왔어요.

어, 왔어?

웬 귤이야?

반갑기도 할 법한데, 옛 스승은 바로 어제 본 것처럼 태연하게 제자를 맞는다.

뇌물 들고 온 걸 보니 또 필시 고민이 생겼구만.

탁 탁

눈치가 빠른 것도 여전하시다.

담배 끊으셨다기에 입이 심심하실까 봐…

하하

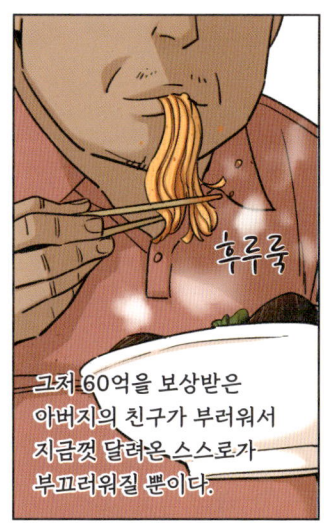

79화
고마운 사람

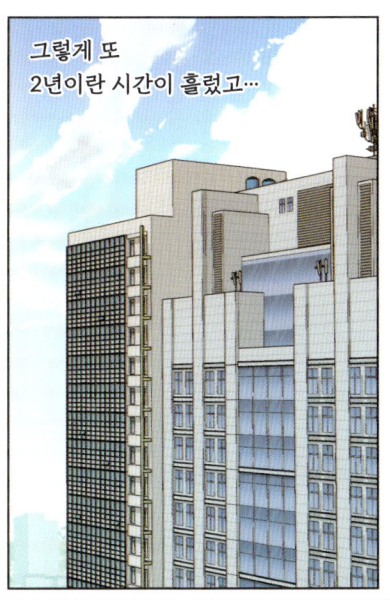

정보에는 신뢰가 담겨야 하고
그 신뢰는 감동에서 온다고 배웠다.

감정을 건드리기 위한 떡은
이미 충분히 받고 있는 처지니

대신 확고한 눈빛으로 답한다.

그간 공부했던 결과는 의구심만 가득했던 삶에 믿음을 갖게 해주었고

늘 주변에서 도움만 받던 그는

이제 누군가에게 고마운 사람이 되었다.

80화
타인의 시선

사내에 희망퇴직의 바람이 불면서 각 팀의 부장들은 초긴장 상태로 하루하루를 보내고 있다.

꽤 심각한 거 같죠?

아침부터 동기분 만나고 오시더니 계속 저 표정이시네요.

…동기분이 지방 발령을 받으셨다나 봐.

지방 발령이면 권고사직이나 마찬가지잖아.

부장님도 나름의 위기감을 느끼시는 거겠지.

듣자 하니, 이미 절반 이상의 부장급 인사들이 정리해고 명단에 올랐다는 소문도 돈다.

기분이 썩 좋지만은 않았던
질문을 뒤로하고

매물을 보러 가는 차 안에서
여러 생각이 들었다.

나름 열심히
공부하고 발에
땀나도록
뛰어다녀도

남의 눈에는
투기로 보일 수
있겠구나.

그간의 노력과 좌절의 순간들,
일련의 과정에서 그가 얻은
수많은 중요한 교훈들보단

결과가 중요한 것이 타인의 시선이다.

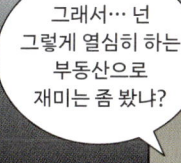

그래서… 넌
그렇게 열심히 하는
부동산으로
재미는 좀 봤냐?

솔직히 말해봐.
얼마 벌었어?

결국 타인의 눈에는 결과만 보이는 것이다.

81화
꼰대에 관하여

충동적 소비는 더 많은 결핍을 느끼게 만든다.

프로포즈 여행을 떠난다고 들떠있던 분위기도 잠시

카드 한도가 초과됐다며 한숨을 내쉰다.

평생을 머리에 얹고 살 것처럼 굴던 차에 관심은 금세 사라졌고

부자가 되고 싶고 부자처럼 보이고 싶지만

돈을 모을 생각은 딱히 없어 보인다.

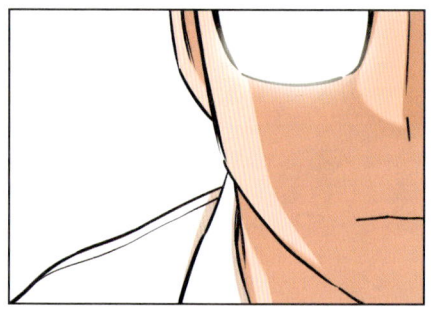

고성장 시대의 중심에 서 있던 회사가

그 인생의 전부였던 시절을 살았던 주인공.

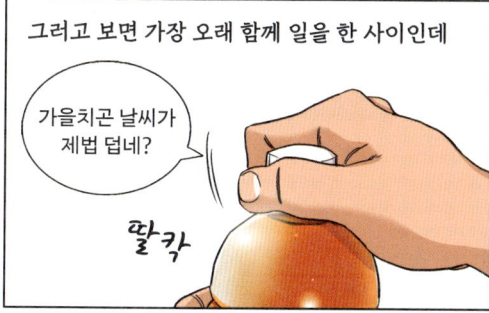

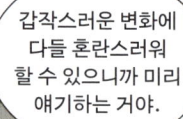

82화
같은 표정

83화
버티고 될 때까지

단순히 명쾌한 해결책을 요구하는 것이 아닐 것이다.

할 수 있는 것이라곤 고작 그의 이야기를 묵묵히 들어주는 것.

그의 쓸쓸함을 나누어 마시는 것 정도였다.

…쓰다.

84화
궁금증이 생긴다

뭐든 다 알 것만 같은 송 과장이지만

덜컹 덜컹

그 역시 오늘 후배들과의 대화 속에서 여러 궁금증이 생긴다.

앞으로는 또 어떻게 살아야 할지 궁금하다.

돈이 무엇인지… 직장이란 무엇인지 궁금하다.

진정한 경제적 자유는 무엇인지, 진정한 행복은 무엇인지 궁금하다.

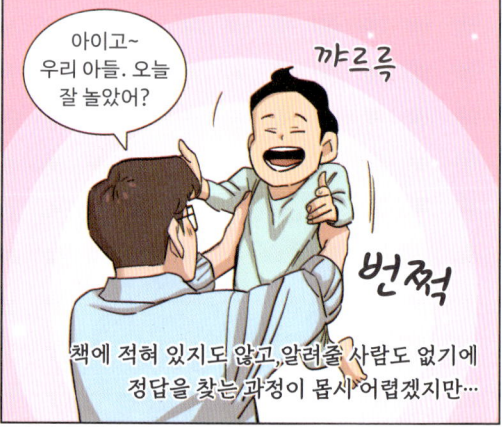

85화
인생의 향기를 위하여

진급 누락 없이 부장까지 승진했던 사람.

깔끔한 정장과 고가의 시계.

손에는 항상 명품 가방이 들려 있고

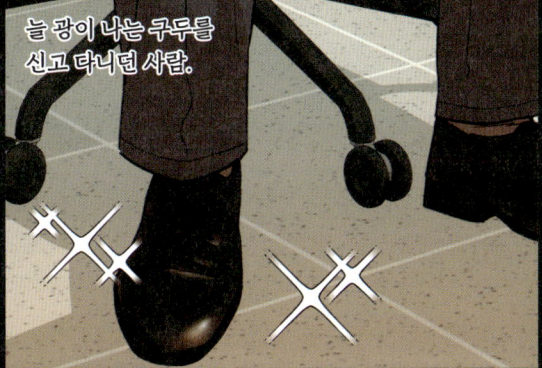
늘 광이 나는 구두를 신고 다니던 사람.

장표 작성의 달인이라고 불리고 누구보다 회사에서 바쁘게 치이며 살아갔던 김 부장님.

새로운 것을 그리기보다는 정해진 도안에 익숙했던 우리네 중년.

남의 그림에 색칠만 하다가 정작 본인의 그림을 그려본 적이 없는 어른아이.

차를 돌리며 여러 복잡한 고민에 휩싸이는 자신과는 달리 부장님은 행복해 보였다.

아마 그렇게 진심으로 웃고 있는 모습은 처음 보는 것 같다.

씨익

아까부터 무슨 생각하길래 혼자서 그렇게 웃어?

덩달아 자꾸만 웃음이 새어 나온다.

그냥… 오늘 기분이 좋아서

??

아이를 재우고 하루를 마치며 맥주 한 잔을 나누는 시간은 일과 중 가장 행복한 순간이다.

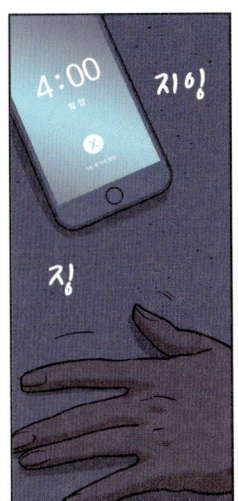

그 향기가 무색하게 다음 날, 다시 같은 하루가 시작된다.

오늘도 안경을 닦으며 주문처럼 다짐을 왼다.

약을 먹고 지하철에서 읽을 책을 챙기고

오늘도 꽤 괜찮은 삶을 살아야지.

말랑해진 신발에 체중을 싣고 조심스럽게 현관문을 나선다.

회사에 도착해서 누구보다 먼저 컴퓨터의 전원을 누른다.

…그만 덮어두기로 한다.

커피 한 잔과 함께 여느 때처럼 자리에 앉아 일기장을 펼치지만

……

오늘은 어째서인지 다른 글을 써보고 싶은 까닭이다.

무슨 이야기를 써볼까?

탁
김 부장 이야기

대기업에 다니셨으니까…

대기업 다니ㄴ 김 부장 이야기.

후일담

원하는 공부를 하며 회사를 다닐 때만큼이나 열정을 쏟아보고 있고

지금은 누구보다 자신을 배려해 주는 남자친구를 만나 행복을 찾아가는 중이다.

권 사원은 꿈에 그리던 집을 얻었고 가족들과 다시 함께 살고 있다.

김 부장은 세차장에서 제2의 인생을 탐험 중이다.

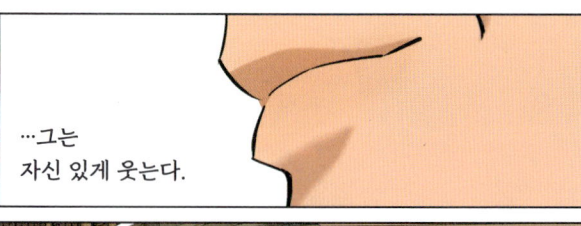

지금까지
『서울 자가에 대기업 다니는
김 부장 이야기』를
사랑해주신 독자님들께
진심으로 감사드립니다.

서울 자가에 대기업 다니는
김부장 이야기

서울 자가에 대기업 다니는
김 부장 이야기 5

초판 1쇄 발행 2025년 10월 29일
초판 2쇄 발행 2025년 10월 31일

글 명랑 **그림** 김병관 **원작** 송희구
펴낸이 김선식

부사장 김은영
콘텐츠사업본부장 임보윤
책임기획 여소연 **책임편집** 여소연 **디자인** 서옥 **책임마케터** 이현주
콘텐츠사업1팀장 한다혜 **콘텐츠사업1팀** 윤유정, 문주연, 조은서, 여소연
마케팅사업1팀 이고은, 지석배, 최민경, 이현주, 김은지
브랜드사업본부 정명찬 **브랜드홍보팀** 오수미, 서가을, 박장미, 박주현
홍보1팀 김민정, 변승주, 홍수경
영상홍보팀 이수인, 염아라, 이지연, 노경은
편집관리팀 조세현, 김호주, 백설희 **저작권팀** 성민경, 이슬, 윤제희
재무관리팀 하미선, 임혜정, 이슬기, 김주영, 오지수
인사총무팀 강미숙, 이정환, 김혜진, 황종원
제작관리팀 이소현, 김소영, 김진경, 이지우, 황인우
물류관리팀 김형기, 김선진, 주정훈, 양문현, 채원석, 박재연, 이준희, 문명식

펴낸곳 다산북스 **출판등록** 2005년 12월 23일 제313-2005-00277호
주소 경기도 파주시 회동길 490 다산북스 파주사옥
전화 02-704-1724 **팩스** 02-703-2219 **이메일** dasanbooks@dasanbooks.com
홈페이지 www.dasan.group **블로그** blog.naver.com/dasan_books
용지 스마일몬스터 **인쇄** (주)상지사피앤비 **코팅·후가공** 제이오엘엔피 **제본** (주)상지사피앤비

ISBN 979-11-306-6865-9 (04190)

· 책값은 뒤표지에 있습니다.
· 파본은 구입하신 서점에서 교환해드립니다.
· 이 책은 저작권법에 의하여 보호를 받는 저작물이므로 무단 전재와 복제를 금합니다.

다산북스(DASANBOOKS)는 책에 관한 독자 여러분의 아이디어와 원고를 기쁜 마음으로 기다리고 있습니다.
출간을 원하는 분은 다산북스 홈페이지 '원고 투고' 항목에 출간 기획서와 원고 샘플 등을 보내주세요.
머뭇거리지 말고 문을 두드리세요.